BEI GRIN MACHT SICH IHR WISSEN BEZAHLT

- Wir veröffentlichen Ihre Hausarbeit,
  Bachelor- und Masterarbeit

- Ihr eigenes eBook und Buch -
  weltweit in allen wichtigen Shops

- Verdienen Sie an jedem Verkauf

Jetzt bei www.GRIN.com hochladen
und kostenlos publizieren

Mohamed Chaabani

Der Abstract in den wissenschaftlichen Arbeiten

GRIN Verlag

Bibliografische Information der Deutschen Nationalbibliothek:

Die Deutsche Bibliothek verzeichnet diese Publikation in der Deutschen National-
bibliografie; detaillierte bibliografische Daten sind im Internet über http://dnb.d-
nb.de/ abrufbar.

Impressum:

Copyright © 2012 GRIN Verlag GmbH
Druck und Bindung: Books on Demand GmbH, Norderstedt Germany
ISBN: 978-3-656-36396-5

Dieses Buch bei GRIN:

http://www.grin.com/de/e-book/207679/der-abstract-in-den-wissenschaftlichen-
arbeiten

GRIN - Your knowledge has value

Der GRIN Verlag publiziert seit 1998 wissenschaftliche Arbeiten von Studenten, Hochschullehrern und anderen Akademikern als eBook und gedrucktes Buch. Die Verlagswebsite www.grin.com ist die ideale Plattform zur Veröffentlichung von Hausarbeiten, Abschlussarbeiten, wissenschaftlichen Aufsätzen, Dissertationen und Fachbüchern.

Besuchen Sie uns im Internet:

http://www.grin.com/

http://www.facebook.com/grincom

http://www.twitter.com/grin_com

Der Abstract in den wissenschaftlichen Arbeiten

Chaabani Mohamed

Abstract

Die folgende Forschungsarbeit untersucht das Schreiben von der Textsorte „Abstract" in den wissenschaftlichen Arbeiten. Anliegen dieser Arbeit ist es, die wissenschaftliche Schreibkompetenz der Studenten beim Verfassen von der Textsorte „Abstract" zu erfassen. Für diesen Zweck wurden Abstracts in zwei Messzeitpunkten geschrieben und einer näheren Analyse unterzogen. Zudem wurde eine schriftliche Befragung durchgeführt, um die Einstellung der Studierenden im Hinblick auf diese wissenschaftliche Textsorte zu erfassen.

Zum *Abstract*

Der Abstract sei eine Art Zusammenfassung von einem Artikel oder einer Veröffentlichung. Die Abstracts dienen dazu, einen schnellen Überblick über den Inhalt einer Publikation zu ermöglichen. Die meisten wissenschaftlichen Bücher erfordern einen vorangestellten Abstract. So berichtet Kruse, O.[1] (185, 2007). Er soll ausschließlich enthalten, was in der Arbeit vorkommt. Im Weiteren kann darin sowohl die aktive als auch die passive Form verwendet werden. Diese Textsorte behandelt folgende Punkte:

---

[1] Kruse, O. Keine Angst vor dem leeren Blatt. Ohne Schreibblockaden durchs Studium. Campus Concret. Frankfurt/ Main, New York. 2007. 12., völlig neu bearbeitete Auflage

Eine Einleitung, in der aufgezeigt wird, was untersucht wird, mit welcher Fragestellung und in welchem theoretischen Kontext? Was ist die Forschungslücke, worauf die Arbeit reagiert? Welche Hypothese wird verfolgt? Der zweite Punkt betrifft die Methode, d.h. welche Methoden, Untersuchungsobjekte oder Auswertungsverfahren wurden eingesetzt, um die behandelten wissenschaftlichen Mängel zu beseitigen. Ferner werden die Ergebnisse aufgezeigt und diskutiert.

Roy, Sommer[2] (2006, 39) führt in diesem Zusammenhang die folgende Definition:

„Ein Abstract ist die Kurzzusammenfassung eines Textes, deren Umfang einen längeren Absatz meist nicht übersteigt. "

In einem Abstract werden laut Roy, S. Autor, Titel und Textsorte, das Thema und wissenschaftliche Ansatz, die zentrale These, die Materialbasis und Methodik sowie die wichtigsten Ergebnisse. Der Abstract sollte präziser und sparsam sein. er gibt einen genaueren Überblick über Gegenstandbereich, Erkenntnisinteresse und Anlage des Textes.

Für Bücher machen auch einige Verlage mit Abstracts Werbung und zwar im Klappentext oder in Verlagsbroschüren. Außerdem findet in vielen wissenschaftlichen Zeitschriften Kurzzusammenfassungen, die am Anfang der publizierten Aufsätze stehen.

Der Abstract fungiert laut Esselborn-Krumbiegel, H.[3] (2010, 100) als Kurzfassung einer vorliegenden Arbeit „im Bonsai-Format". Darin wird das Forschungsproblem formuliert. Dazu wird der Lösungsweg beschrieben. Schließlich werden die Ergebnisse dargestellt.

Laut Huemer, B.[4] et al. (2012, 13) begleitet der Abstract einen konkreten Artikel. Dieser Abstract sollte vor dem geschriebenen Artikel platziert werden. Es bietet sich auch an, den Abstract nach der Fertigstellung des eigentlichen Artikels zu schreiben.

---

[2] Sommer, Roy (2006) Schreibkompetenzen. Erfolgreich wissenschaftlich schreiben. Stuttgart. Klett. 39

[3] Esselborn-Krumbiegel, Helga (2010) Richtig wissenschaftlich schreiben. Paderborn. Schönigh/UTB

[4] Huemer, Birgit/ Rheindorf, Markus/ Gruber, Helmut (2012) Abstract, Exposé und Förderantrag. Eine Schreibanleitung für Studierende und junge Forschende. Böhlau Verlag Wien, Köln, Weimar

Außerdem sollte der Abstract von einer beschränkten Anzahl von Schlüsselwörtern begleitet werden. Diese Schlüsselwörter sollen präzise sein. Sie dienen ferner dazu, die relevanten theoretischen, methodischen Aspekte sowie den Forschungsgegenstand anzugeben. Laut Huemer, B. et al. (2012, 14) kommt dem Abstract große Bedeutung zu, denn er ist der zuerst und am meisten gelesene Text des Artikels. In diesem Zusammenhang informiert der Abstract im Voraus und hilft den Lesern zu entscheiden, ob die Arbeit für die Leser überhaupt lesenswert ist.

Der Umfang von Abstracts enthält je nach Zeitschrift zwischen 100 und 150 Wörter. In einem Abstract sind Details und spezifische Angaben zu Daten und Quellen sowie Argumentation nicht zu finden. Der Abstract stellt demnach einige zentrale Fragen, wie z.B. Warum ist der Forschungsbereich wichtig bzw. relevant? Welche Forschungslücken gibt es? Welche Theorien und Methoden wurden gebraucht, welche Daten wurden analysiert? Welche Ziele verfolgt die Arbeit? Was sind die wichtigsten Ergebnisse der Arbeit?

Des Weiteren wird eine weitere Definition über den Abstract

„Das Abstract ist Bestandteil vieler umfangreicher wissenschaftlicher Arbeiten, wie Diplomarbeiten, Dissertationen oder Habilitationen. Je nach Fachbereich ist es üblich, unbedingt Pflicht oder völlig ungewöhnlich; manchmal wird auch die auf Deutsch verfasste Arbeit durch ein englisches Abstract „internationalisiert".[5]

Der Abstract beinhaltet folgende Punkte[6]:

Thema und Zielsetzung: Hier werden das Thema und Zielsetzung der Arbeit präsentiert.

Theorie: Die theoretische Arbeit wird nun angegeben. Zudem sollte gezeigt werden, worauf die angegeben Theorie basiert.

Fragestellung: In diesem Schritt werden die aufgestellten Forschungsfragen angegeben

---

[5] http://www.studium-und-pc.de/abstract-in-der-wissenschaftlichen-arbeit.htm

[6] http://www.studium-und-pc.de/abstract-in-der-wissenschaftlichen-arbeit.htm

Quellen: Hier wird über die verwendeten Quellen gesprochen. Zudem wird gezeigt, wie die Forschungsfragen beantwortet werden.

Ergebnis: In diesem Schritt werden die erzielten Ergebnisse gezeigt.

Fazit: Am Ende des Abstracts wird eine Schlussfolgerung aufgestellt.

Außerdem sollte der Abstract mit kurzen, prägnanten Sätzen geschrieben werden. Zudem sollte der Abstract 10 % der Länge[7] der Arbeit ausmachen.

In diesem Zusammenhang findet sich eine weitere Definition über den Abstract:

„Der Abstract sollte auf einer Seite einen möglichst präzisen Überblick über die Arbeit geben und folgende Punkte beinhalten:
Zielsetzung / Fragestellung der Arbeit
Methodik / Vorgehensweise
Ergebnisse"[8]

Der Abstract sollte ferner folgende Elemente[9] beinhalten:
Motivation des Textes: Hier wird die Bedeutung der Forschungsarbeit gezeigt. Dabei sollte das Interesse des Lesers geweckt werden.
Fragestellung: Nun wird die Fragestellung erwähnt, die zu beantworten gilt. Zudem sollte der Umfang der Forschung angeführt werden. Ferner werden die zentralen Argumente und Behauptungen aufgeführt.
Methodologie: In diesem Punkt werden die Forschungsmethoden erwähnt. Dazu wird gezeigt, auf welcher Empirie die Arbeit basiert.

---

[7] Ebd.

[8] Gemünden, Hans Georg. Leitfaden für die Anfertigung von wissenschaftlichen Arbeiten. Technische Universität Berlin. Fakultät VII Wirtschaft und Management. Institut für Technologie und Management Lehrstuhl für Technologie- und Innovationsmanagement. (Seite 7). In: http://www.tim.tu-berlin.de/fileadmin/fg101/DiplomStudienArbeiten/Leitfaden.pdf. Stand 2009

[9] http://userpage.fu-berlin.de/~ulf/Abstract.pdf

Ergebnisse: Hier werden die erzielten Ergebnisse dokumentiert. Des Weiteren werden die zentralen Schlussfolgerungen aufgeführt.

Implikationen: In diesem Schritt wird gezeigt, welche sich Schlussfolgerungen für die Forschung herausgestellt haben und welche neuen Ideen diese Arbeit gebracht hat.

Analyse der wissenschaftlichen Textsorte „Abstract"

Für die Untersuchung werden in Anlehnung an die Ausführungen von Huemer, Birgit/ Rheindorf, Markus/ Gruber, Helmut[10] (2012, 14) folgende Kriterien erarbeitet und aufgestellt:

- Der Umfang von Abstracts enthält zwischen 100 und 150 Wörter.

Der Abstract sollte weiterhin folgende Punkte enthalten:

- Warum ist der Forschungsbereich wichtig bzw. relevant?
- Welche Forschungslücken gibt es?
- Welche Theorien und Methoden wurden gebraucht, welche Daten wurden analysiert? Welche Ziele verfolgt die Arbeit?
- Was sind die wichtigsten Ergebnisse der Arbeit?

Ferner wurde eine Gruppe von 5 Studierenden herangezogen. Die Probanden sind Studenten im Masterstudium 2 Semester an der Universität Oran. Die Gruppe war aufgefordert 2 Abstracts für einen Zeitschriftartikel in zwei verschiedenen Messzeitpunkten zu schreiben. Dabei sollen die Probanden die vorgegebenen Kriterien berücksichtigen.

Analyse der geschriebenen Abstracts

Der Umfang von Abstracts enthält zwischen 100 und 150 Wörter

In einem ersten Schritt wird untersucht, ob alle fünf Probanden den vorgegebenen Umfang vom Abstract berücksichtigt haben.

---

[10]Huemer, Birgit/ Rheindorf, Markus/ Gruber, Helmut (2012, 14) Abstract, Exposé und Förderantrag. Eine Schreibanleitung für Studierende und junge Forschende. Böhlau Verlag Wien, Köln, Weimar

Ein Blick auf die geschriebenen Abstracts zeigt, dass alle Probanden bis auf die Probanden 1 und 5 den vorgegebenen Umfang beachten haben.

Tabelle 1: Anzahl der Wörter in den der geschriebenen Abstracts

Proband	Proband 1		Proband 2		Proband3		Proband 4		Proband 5	
Messzeitpunkt	*M.1*	*M.2*	*M.1*	*M.2*	*M.1*	*M.2*	*M.1*	*M.2*	*M.1*	*M.2*
Wortanzahl	92	70	102	111	130	140	107	121	70	89

Quelle: eigene Darstellung
M.: Messzeitpunkt

Warum ist der Forschungsbereich wichtig bzw. relevant?

In einem zweiten Schritt wird untersucht, ob die Probanden in ihren Abstracts in den zwei Messzeitpunkten gezeigt haben, ob der erwähnte Forschungsbereich wichtig bzw. relevant und wieso? Bei der Betrachtung der geschriebenen Abstracts im ersten Messzeitpunkt lässt sich feststellen, dass alle Probanden bis auf die Probanden 1, 4 und 5 erwähnt haben, dass der untersuchte Forschungsbereich relevant sei. Demgegenüber haben alle Probanden in diesem Zusammenhang nicht angeführt, warum der Forschungsbereich relevant sei. Bei der Betrachtung der geschriebenen Abstracts im zweiten Messzeitpunkt zeigt sich, dass alle Probanden bis auf die Probanden 1 und 5 erwähnt haben, dass der untersuchte Forschungsbereich belangvoll sei.

Welche Forschungslücken gibt es?

Im nächsten Schritt wird ermittelt, ob die Probanden in ihren Abstracts in den zwei Messzeitpunkten gezeigt haben, welche Forschungslücken gibt es.

Bei der Betrachtung der geschriebenen Abstracts im ersten Messzeitpunkt geht hervor, dass alle Probanden bis auf den Probanden 2 nicht dokumentiert haben, dass es Forschungslücken im untersuchten Forschungsbereich gibt. Im zweiten Messzeitpunkt verhält es sich gleich, wo nur der zweite Proband aufgeschrieben hat, dass es Forschungslücken im untersuchten Forschungsbereich gibt.

Welche Theorien und Methoden wurden gebraucht, welche Daten wurden analysiert?

Im nächsten Schritt wird untersucht, ob die Probanden in ihren Abstracts in den zwei

Messzeitpunkten erwähnt haben, welche Theorien und Methoden gebraucht wurden bzw. welche Daten analysiert wurden.

Ein Blick auf die geschriebenen Abstracts im ersten Messzeitpunkt zeigt, dass lediglich der zweite Proband erwähnt hat, welche Methoden gebraucht wurden. Allerdings hat er nicht geschrieben, welche Theorien gebraucht wurden und welche Daten analysiert wurden. Im zweiten Messzeitpunkt verhält es sich gleich, wo lediglich der zweite Proband aufgeschrieben hat, welche Methoden gebraucht wurden.

Welche Ziele verfolgt die Arbeit?

Im nächsten Schritt wird ermittelt, ob die Probanden in ihren Abstracts in den zwei Messzeitpunkten erwähnt haben, welche Ziele die Arbeit verfolgt.

Bei der Betrachtung der geschriebenen Abstracts im ersten Messzeitpunkt fällt auf, dass alle Probanden angeführt haben, welche Ziele die Arbeit verfolgt. Im zweiten Messzeitpunkt verhält es sich ähnlich, wo ebenfalls alle Probanden dokumentiert haben, welche Ziele die Arbeit hat.

Was sind die wichtigsten Ergebnisse der Arbeit?

Im letzten Schritt wird ermittelt, ob die Probanden in ihren Abstracts in den zwei Messzeitpunkten die wichtigsten Ergebnisse der Arbeit erwähnt haben.

Ein Blick auf die geschriebenen Abstracts im ersten Messzeitpunkt zeigt, dass alle Probanden bis auf die Probanden 1, 3 und 5 die wichtigsten Ergebnisse der Arbeit angeführt haben. Im zweiten Messzeitpunkt verhält es sich ähnlich, wo ebenfalls alle Probanden bis auf die Probanden 1, 3 und 5 die wichtigsten Ergebnisse der Arbeit dokumentiert haben.

Um die Einstellung der Studenten über die Textsorte „Abstract" zu erfassen, wurde weiterhin eine schriftliche Befragung durchgeführt. Im Folgenden wird der Fragebogen beschrieben und ausgewertet.

Der Fragebogen

Charakterisierung der Stichprobe

Die schriftliche Befragung wurde im Mai 2012 an der Universität Oran durchgeführt. An der Umfrage beteiligten sich 100 Germanistikstudenten. Die befragten Studierenden befanden sich zur Zeit der Befragung im zweiten Jahr Masterstudium. Das Durchschnittsalter der Untersuchungsgruppe betrug 24 Jahre. Unter den Befragten waren 15% männlich und 85% weiblich.

Konzipierung und Durchführung der Umfrage

Die Befragung wurde anonym in Form eines Fragebogens im Mai 2012 durchgeführt. Der Fragebogen besteht aus 12 Fragen. Diese Befragung sollte überdies Auskunft über die Einstellung der Studenten über die Textsorte „Abstract" geben. Die erste Frage klärt, wie oft die Befragten die Textsorte „Abstract" im Unterricht geübt haben. Die zweite geht darauf ein, ob die Befragten finden, dass das Lesen vom Abstract ihnen dazu verhilft, sich einen Überblick über die gesamte Arbeit zu verschaffen. Die nächste Frage klärt, ob sie Schwierigkeiten bei einem Schreiben eines Abstracts finden. Danach sollen die Befragten angeben, wie oft sie Schwierigkeiten beim Schreiben eines Abstracts haben. Die nächste Frage beschäftigt sich damit, ob die Befragten beim Schreiben eines Abstracts nach einer bestimmten Methode vorgehen und wenn ja, welche?

Danach sollte untersucht werden, ob die Befragten beim Schreiben eines Abstracts den Umfang zwischen 100 und 150 Wörter berücksichtigen. Die nächste Frage befasst sich damit, ob die Befragten in ihren Abstracts erwähnen, warum der Forschungsbereich wichtig bzw. relevant sei. Anschließend wird untersucht, ob die Befragten in ihren Abstracts erwähnen, welche Forschungslücken es gibt. Anschließend wird ermittelt, ob die Befragten in ihren Abstracts erwähnen, welche Theorien und Methoden gebraucht wurden und welche Daten analysiert wurden. Anschließend wird eruiert, ob die Befragten in ihren Abstracts erwähnen, welche Ziele die Arbeit verfolgt. Anschließend wird untersucht, ob die Befragten in ihren Abstracts die wichtigsten Ergebnisse der Arbeit erwähnen.

Anschließend wird untersucht, ob die Befragten Schlüsselwörter nach dem Schreiben eines Abstracts hinzufügen.

Rücklauf und Repräsentativität

Der Fragebogen erreichte gut 100 Studenten. Die Nettorücklaufquote liegt bei 100%. Dem Fragebogen war ein Anschreiben beigefügt, das die Untersuchungsziele erläutert, sowie einen Hinweis auf die Freiwilligkeit der Teilnahme und eine Erklärung zum Datenschutz enthält. Die Rücklaufquote kann man als zufrieden stellend bezeichnen. Es lassen sich also Aussagen treffen, die für die Einstellungen über die Textsorte „Abstract" hinreichend verlässlich sind. Natürlich rechtfertigt die begrenzte Anzahl der Befragten keinen Anspruch auf Allgemeingültigkeit.

Auswertung der Ergebnisse

Auf die erste Frage, wie oft die Befragten die Textsorte „Abstract" im Unterricht geübt haben, haben alle Befragten mit „nein" geantwortet.

Nachfolgend geht es um die Frage, ob die Befragten finden, dass das Lesen vom Abstract ihnen dazu verhilft, sich einen Überblick über die gesamte Arbeit zu verschaffen. Alle Befragten gaben an, dass das Mitschreiben ihnen dazu verhilft, sich einen Überblick über die gesamte Arbeit zu verschaffen.

Des Weiteren wird auf die Frage eingegangen, ob sie Schwierigkeiten bei einem Schreiben eines Abstracts finden. 95% der Befragten haben mit „ja" geantwortet. Allerdings haben 05% keine Angaben hinsichtlich dieser Frage gemacht.

Darüber hinaus wird geklärt, wie oft sie Schwierigkeiten beim Schreiben eines Abstracts haben. Auf diese Frage hat die Mehrheit der Befragten (90%) mit „sehr oft" geantwortet. 10% haben allerdings mit „manchmal" geantwortet.

Des Weiteren wird auf die Frage eingegangen, ob die Befragten beim Schreiben eines Abstracts nach einer bestimmten Methode vorgehen und wenn ja, welche? Hinsichtlich dieser Frage gaben alle Befragten an, dass sie keine bestimmte Methode verfolgen, um einen Abstract zu schreiben.

Nachfolgend geht es um die Frage, die Befragten beim Schreiben eines Abstracts den Umfang zwischen 100 und 150 Wörter berücksichtigen. 81% der Befragten gaben an, dass sie beim Schreiben eines Abstracts den Umfang zwischen 100 und 150 Wörter nicht berücksichtigen. Allerdings machten 19% keine Angaben über diese Frage.

Des Weiteren wird auf die Frage eingegangen, ob die Befragten in ihren Abstracts erwähnen, warum der Forschungsbereich wichtig bzw. relevant sei. 45% der Befragten haben mit „ja" geantwortet. Ferner haben 35% mit „nein" geantwortet. Allerdings machten 20% keine Angaben hinsichtlich dieser Frage.

Anschließend wird ermittelt, ob die Befragten in ihren Abstracts erwähnen, welche Forschungslücken es gibt. 22% der Befragten gaben an, dass sie in ihren Abstracts erwähnen, welche Forschungslücken es gibt. 60% der Befragten antworteten mit „nein". Hingegen machten 08% keine Angaben hinsichtlich dieser Frage.

Darüber hinaus wird geklärt, ob die Befragten in ihren Abstracts erwähnen, welche Theorien und Methoden gebraucht wurden und welche Daten analysiert wurden. Hinsichtlich dieser Frage gaben alle Befragten an, dass sie in ihren Abstracts nicht erwähnen, welche Theorien und Methoden gebraucht wurden und welche Daten analysiert wurden. Des Weiteren wird auf die Frage eingegangen, ob die Befragten in ihren Abstracts erwähnen, welche Ziele die Arbeit verfolgt. 77% der Befragten haben mit „ja" geantwortet. Allerdings haben 33% keine Angaben hinsichtlich dieser Frage gemacht. Anschließend wird ermittelt, ob die Befragten in ihren Abstracts die wichtigsten Ergebnisse der Arbeit erwähnen. 49% der Befragten gaben an, dass sie in ihren Abstracts die wichtigsten Ergebnisse der Arbeit erwähnen. Allerdings haben 51% keine Angaben hinsichtlich dieser Frage gemacht. Darüber hinaus wird geklärt, ob die Befragten Schlüsselwörter nach dem Schreiben eines Abstracts hinzufügen. 23% der Befragten gaben an, dass sie Schlüsselwörter nach dem Schreiben eines Abstracts hinzufügen. Hingegen sagten 57%, dass sie keine Schlüsselwörter nach dem Schreiben eines Abstracts hinzufügen. Demgegenüber machten 20% keine Angaben hinsichtlich dieser Frage.

Methodisch-didaktische Konsequenzen

Aus der Analyse geht hervor, dass die Probanden generell Abstracts geschrieben haben. Dennoch waren ferner Mängel festzustellen. Es hat sich auch gezeigt, dass die Befragten Schwierigkeiten haben, Abstracts zu schreiben. Dies legt nahe, dass sie methodisch mit dieser Textsorte nicht vertraut sind. In diesem Zusammenhang bietet sich an, diese wichtige Textsorte im Fremdsprachenunterricht theoretisch und praktisch zu üben.

Literatur

Esselborn-Krumbiegel, Helga (2010) Richtig wissenschaftlich schreiben. Paderborn. Schönigh/UTB. 100

Huemer, Birgit/ Rheindorf, Markus/ Gruber, Helmut (2012) Abstract, Exposé und Förderantrag. Eine Schreibanleitung für Studierende und junge Forschende. Böhlau Verlag Wien, Köln, Weimar·

Gemünden, Hans Georg. Leitfaden für die Anfertigung von wissenschaftlichen Arbeiten. Technische Universität Berlin. Fakultät VII Wirtschaft und Management. Institut für Technologie und Management Lehrstuhl für Technologie- und Innovationsmanagement. (Seite 7). In: http://www.tim.tu-berlin.de/fileadmin/fg101/DiplomStudienArbeiten/Leitfaden.pdf. Stand 2009

Kruse, Otto (2007) Keine Angst vor dem leeren Blatt. Ohne Schreibblockaden durchs Studium. Campus Concret. Frankfurt/ Main, New York.. 12., völlig neu bearbeitete Auflage

Sommer, Roy (2006) Schreibkompetenzen. Erfolgreich wissenschaftlich schreiben. Stuttgart. Klett. 39

http://userpage.fu-berlin.de/~ulf/Abstract.pdf

http://www.studium-und-pc.de/abstract-in-der-wissenschaftlichen-arbeit.htm